Ich kenn mich aus mit SACHKUNDE

CARLSEN

Hugo mag am liebsten Möhren. Zeichne seinen Weg durch das Labyrinth, auf dem er nur die 11 Möhren einsammeln und essen kann.

Welche Zeit zeigen die Uhren an? Trage ein.

Es ist ____ Uhr.

Es ist ____ Uhr.

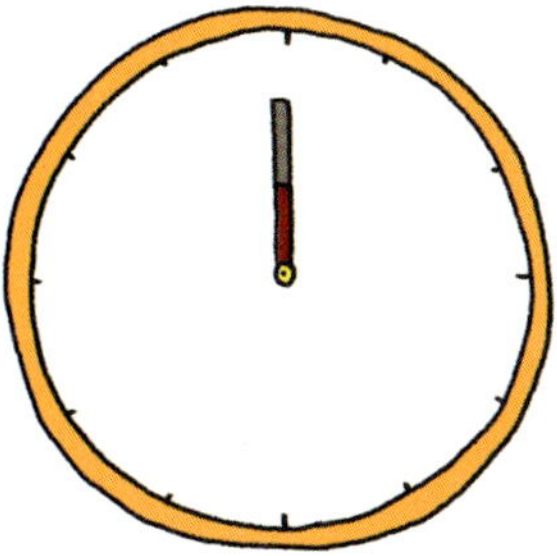

Es ist ____ Uhr.

Es ist ____ Uhr.

Es ist ____ Uhr.

Möhrensalat mit Apfel und Nüssen
(Für 2 Portionen)

1

In einer Schüssel
3 EL Zitronensaft,
2 EL Honig,
etwas Salz und
Pfeffer verrühren.

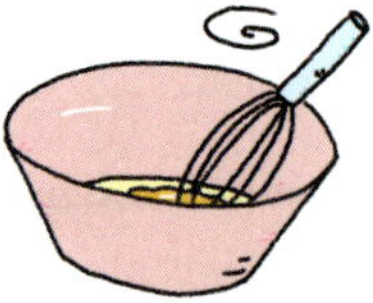

2

1 Apfel schälen,
raspeln und schnell
untermischen.

3

300 g Möhren
schälen, raspeln
und dazugeben.

4

Mit 6 EL Öl vermischen.
Schließlich mit 2 EL klein gehackten
Haselnüssen bestreuen.

Guten Appetit!

Welche Kleidung gehört in welche Jahreszeit?
Male eine Sonne für Sommer und eine
Schneeflocke für Winter in die Kästchen.

Es ist Frühling. Male jede Tulpe  rot, jede Osterglocke  gelb und jeden Krokus  violett an.

Es ist Sommer. Wer spielt hier mit wem?
Verbinde die Freunde.

Der Herbst, der Herbst, der Herbst ist da …
Wie viele Blätter findest du von jeder Art?

Trage die Zahl ein und male die Blätter
herbstlich bunt an.

Es ist Winter. Welches Tier hinterlässt welche Spuren im Schnee? Verbinde.

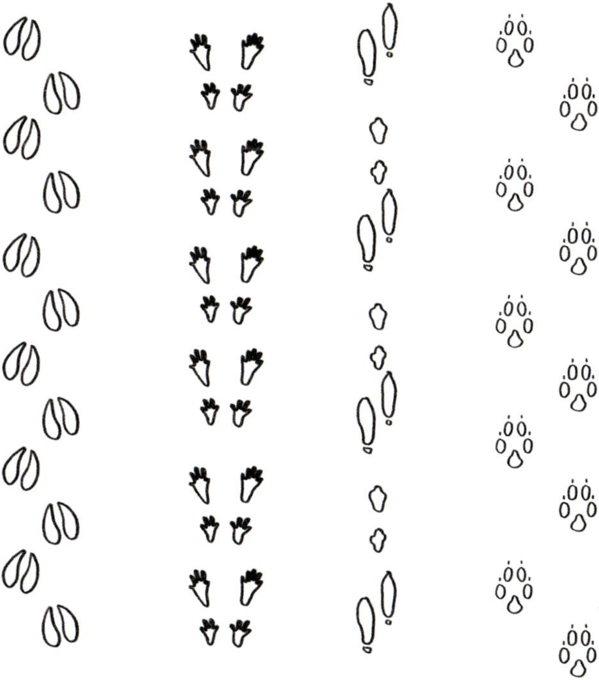

Wer gehört nicht zur Familie? In jeder Reihe passt eins der drei Tiere nicht dazu. Welches?

Bastele dir dein eigenes Wissens-Memo-Spiel.

Einfach entlang der Linien vorsichtig die 30 Kärtchen ausschneiden. Dann mischen, verdeckt auslegen und los geht's!
Was gehört zusammen? Wer weiß, wo was liegt, und findet die meisten Bildpaare?

Welches Tier lebt wo?
Kreise alle Wassertiere mit Blau,
alle Landtiere mit Grün und alle Tiere,
die fliegen können, mit Rot ein.

Was du alles kannst! Mit den Ohren hören, mit den Augen sehen, mit dem Mund schmecken, mit der Hand fühlen und mit der Nase riechen. Verbinde, was du hier womit wahrnimmst.

Traurig ☹ oder froh ☺? Spürst du die Gefühle, wenn dies passiert? Zeichne den passenden Mund ein.

Augen auf im Straßenverkehr!
Findest du die 10 Fehler? Kreise ein.

Male die Spuren im Sand grün an, die der linke  Fuß hinterlassen hat.

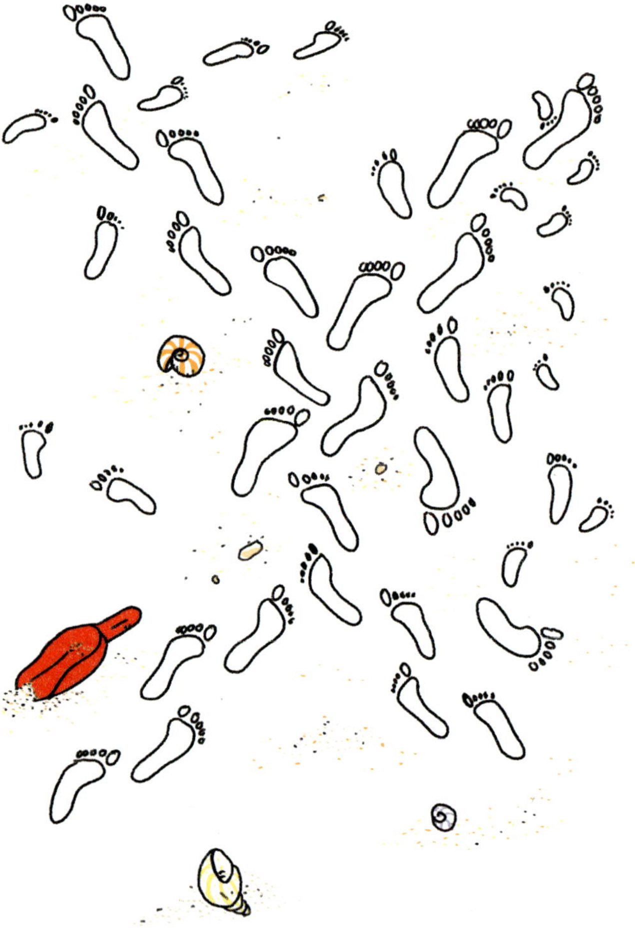

Patsch! Lauter Handabdrücke. Findest du alle rechten Handabdrücke? Kreise die rechten Handabdrücke mit Rot ein.

Wohin fahren die Einsatzfahrzeuge? Zeichne die Wege nach, dann weißt du es. Kennst du auch die zwei wichtigen Telefonnummern, um die Polizei und die Feuerwehr zu Hilfe zu holen?

Trage die Zahlen in die Kästchen ein.

Lösungen

2

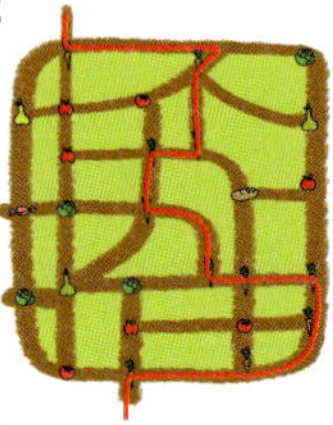

5

7

8

9

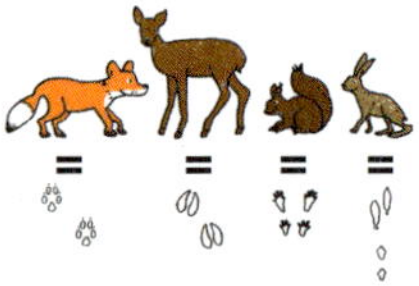

10

15

16

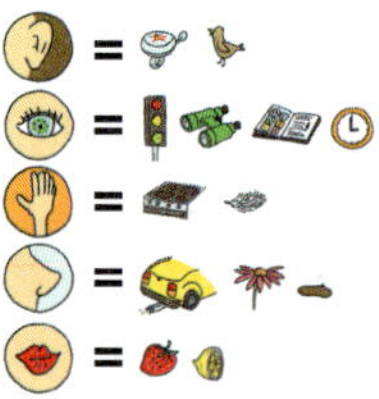

17

18 + 19

20

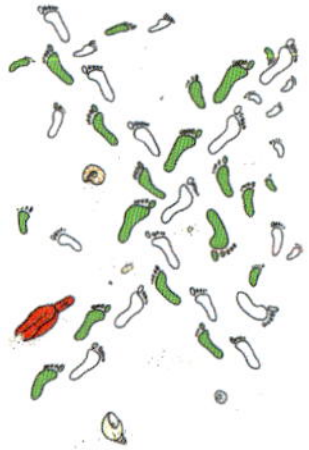

21

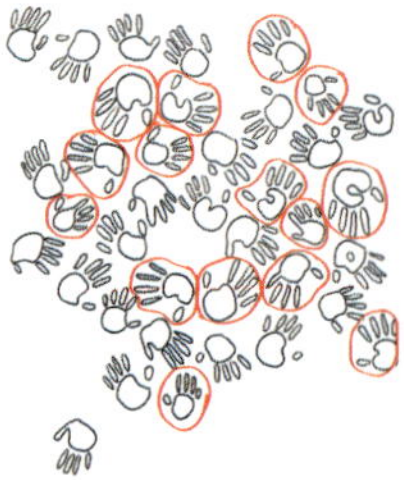